कनिष्ठ इंद्रधनुष
बिल्लियों के रंग

युवा मन को रंगों से परिचित कराना

रेनबो रॉय द्वारा

कनिष्ठ इंद्रधनुष

बिल्लियों के रंग

युवा मन को रंगों से परिचित कराना

रेनबो रॉय द्वारा

इंद्रधनुष हर तरह के रंगों से भरा होता है।

हम सब मिलकर रंगों के बारे में जानेंगे और बिल्लियों के बारे में भी जानेंगे।

लाल

लाल, एबिसिनियन बिल्ली की तरह।

नारंगी

नारंगी, धारीदार
बिल्ली की तरह।

पीला

पीली, स्याम देश की बिल्ली की तरह।

हरा

हरी, मिस्र की माउ बिल्ली की आँखों की तरह।

नीला

नीला, रूसी नीली बिल्ली की तरह।

इंडिगो

इंडिगो, मुझे यह बिल्ली का खिलौना पसंद है।

बैंगनी

बैंगनी, इस बिल्ली के
कॉलर की तरह।

अब आइए इंद्रधनुष
के बाहर कुछ अन्य
रंगों को देखें!

गुलाबी

गुलाबी, स्फिंक्स बिल्ली की तरह।

भूरा

भूरी, बंगाल की
बिल्ली की तरह।

सफ़ेद

सफेद, तुर्की अंगोरा
की तरह।

काला

काली, बंबई बिल्ली की तरह।

स्लेटी

ग्रे, ब्रिटिश शॉर्टहेयर की तरह।

अब, आइए देखें कि आपने क्या सीखा है!

यह बिल्ली किस रंग की है?

यह बिल्ली नारंगी और सफेद रंग की है।

यह बिल्ली किस रंग की है?

यह बिल्ली भूरे रंग की है.

इन बिल्ली की आँखों का रंग क्या है?

उसकी आंखें पीली हैं.

तुम बहुत चालाक हैं!
हमेशा सीखते रहें और
सीखने के प्रति अपने
प्यार को कभी न भूलें।